Ángel de Saavedra. Duque de Rivas

Viaje a las ruinas de Pesto

Barcelona 2024
Linkgua-ediciones.com

Créditos

Título original: Viaje a las ruinas de Pesto.

© 2024, Red ediciones S.L.

e-mail: info@Linkgua-ediciones.com

Diseño de cubierta: Michel Mallard.

ISBN rústica: 978-84-9816-053-6.
ISBN ebook: 978-84-9897-528-4.

Sumario

Brevísima presentación

La vida

Duque de Rivas, Ángel Saavedra (Córdoba, 1791-Madrid, 1865). España.

Luchó contra los franceses en la guerra de independencia y más tarde contra el absolutismo de Fernando VII, por lo que tuvo que exiliarse a Malta en 1823. Durante su exilio leyó obras de William Shakespeare, Walter Scott y Lord Byron y se adscribió a la corriente romántica con los poemas El desterrado y El sueño del proscrito (1824), y El faro de Malta (1828).

Regresó a España tras la muerte de Fernando VII heredando títulos y fortuna. Fue, además, embajador en Nápoles y Francia.

Viaje a las ruinas de Pesto

A las nueve de una hermosa mañana de mayo, en que un transparente celaje templaba el ardor del Sol, refrescando la atmósfera la ligera brisa del mar, partimos de Nápoles por el camino de hierro últimamente establecido, que conduce a Nocera. Deslizábase rápidamente el convoy, e iba dejando atrás la capital magnífica y su concurrido puerto, donde está parte de la preciosa escuadra napolitana con gran número de vapores de guerra, y donde se ven reunidos tantos buques mercantes de diferentes naciones.

Siguiendo la playa, pasamos. por Portici, bajo cuyas casas yace envuelta en la lava del Vesubio la antigua Herculano; por la Torre del Greco, pueblo fundado sobre otros dos, víctimas de las erupciones del volcán, y por la Torre de la Anunciata, donde dejando la ribera entramos tierra adentro por las cercanías de Pompeya, y al través de un campo delicioso, cultivado con esmero. Su feraz producción y sus viñedos formando pabellones, festones y guirnaldas, enlazadas con los árboles pomposos y corpulentos, de que está sembrada la llanura, forman un rico y risueño paisaje, de que es último término, por la izquierda, el majestuoso Vesubio, con sus laderas de esmeralda y su penacho blanquecino de humo y ceniza, y al frente y a la derecha, elevadas montañas cubiertas de arboleda y de casas de campo. En una hora llegamos a Pagani; esto es, recorrimos seis leguas castellanas, en cuyo tiempo no dejaron de mortificarme las dolorosas reflexiones a que daba lugar el ver en un país que, ciertamente, no tiene fama de muy aventajado, caminos de hierro, escuadra, gran número de barcos de vapor, tierras cultivadas con asiduidad y maestría, casas de campo, gendarmes a pie y a caballo perfectamente vestidos custodiando los caminos públicos, poblaciones risueñas, limpias y bien empedradas, industria, tráfico, movimiento y vida, mientras que en nuestra patria, tan grande, tan poderosa, tan rica y con tantos elementos para ser una de las primeras naciones de Europa, nada hay de esto, porque pierde el tiempo y se aniquila visiblemente en inútiles controversias y en enconadas personalidades.

En Pagani alquilamos caballos del país, pequeños, pero de mucho fuego y poder, y con ellos trepamos una altísima montaña, cuyas, empinadas laderas están cubiertas de robustos castaños y de viciosos matorrales. Entre ellos serpentea un buen camino de herradura, construido con mucho arte, y desde cuyas revueltas se descubren admirables puntos de vista. En la cima de la montaña, descuella la Torre de Chiunsa, atalaya circular antiquísima, que hoy sirve de nido a los milanos y de blanco a las tormentas, pues se ven las repetidas huellas del rayo en sus rotos sillares. Pasando por una venta, al pie del derruido torreón, nos despedimos de la vista del Vesubio, y doblando la cumbre, empezamos a bajar cuestas menos rápidas por entre graciosas lomas cubiertas de vegetación, por entre adelantados viñedos, siempre formando festones enlazados a los árboles, y por entre espesos bosques de valientes hayas y de pomposos castaños, viniendo a dar al valle de Tramonte.

La lozana fantasía del más fecundo artista no podrá imaginar sitio tan delicioso y pintoresco. Ambas vertientes están pobladas de lindas casas de campo, de pedazos de tierra cultivada con inteligencia, de árboles corpulentos y frondosísimos. Corre en lo hondo de la cañada un copioso torrente, aprovechado por un gran número de fábricas de papel allí establecidas. Lo variado y lindo de los edificios, y los graciosos puentes rústicos con que se comunican, y los malecones y caprichosos acueductos que van de un lado a otro para contener o conducir las aguas, y las cataratas y despeñaderos que forman las sobrantes, y el ruido de las ruedas de las máquinas hidráulicas y el bullicio de la multitud de obreros empleados en aquellas manufacturas, forman un todo tan rico, tan variado, tan sorprendente, que es imposible dar una idea de él en una fría descripción.

Najuri, pueblo de buen caserío, de dos y tres pisos, con calles muy limpias y muy bien enlosadas, está colocado a la embocadura de este valle y a orillas del mar, aprovechando una pequeña cala para abrigo de sus barcas pescadoras. Lo atravesamos, y el golfo de Salerno se presentó a nuestra vista, desierto, triste y majestuoso. Tomando a la derecha una calzada magnífica, construida a media ladera de los escarpados montes que forman la costa, y muy semejante a la que conduce de Caleya a Barcelona, llegamos a Nimuri, pueblecito de la misma fisonomía que el anterior, colocado también en las gargantas de un risueño valle. Dos millas después, y casi en igual posición, atravesamos a Atrani, población más grande que las anteriores y patria supuesta del famoso Masaniello, y designan como su casa, aún habitada y de pobre, pero limpio aspecto, una que ocupa un empinado risco, entre otras casi iguales que pueblan aquellos montes. Doblamos en seguida una punta, donde están los restos de un antiguo castillejo, y llegamos a la famosa ciudad de Amalfi, a la que fue rival de Pisa y émula de la opulenta Génova y de la poderosa Venecia, a la que tanta parte tuvo en las Cruzadas, siendo fundadora en ellas de la célebre Orden de San Juan de Jerusalén, a la que mereció, en fin, en el siglo X el pomposo renombre de «Reina de los mares». Pero ¡cuánto han mudado los tiempos! Ni se concibe cómo un pueblo pequeño, capaz apenas de siete mil habitantes, colocado en la estrecha garganta de un pequeño valle, donde escasamente hay espacio para su actual caserío, rodeado de escarpados y altos montes con una reducidísima cala, sin fondo ni abrigo, abierta a los ponientes y a los sures, vientos violentísimos en estos mares, haya podido ser una ciudad de 60.000 almas, el almacén de las riquezas del mundo, y uno de los puertos más famosos y más concurridos de la antigüedad. No; no se ve allí ninguno de aquellos vestigios de la opulencia y del poder que se encuentran en otras ciudades decaídas o arruinadas. No hay ni una sola casa antigua, ninguna de gran capacidad; no existen ni aun fragmentos de murallas, de almacenes, de muelles, de malecones; de aquellas obras, en fin, indispensables en todo puerto mercantil, para abrigo de los bajeles, para resguardo de las mercaderías, para defensa de la riqueza, para albergue de la opulencia... Hasta cuesta trabajo creer que hubo allí jamás poder y opulencia. En Pisa, decaída y casi desierta, se ven luengas y anchas calles, soberbios palacios, fuertes torres y murallas. magníficos puentes, muelles, malecones: en fin: el esqueleto de un gigante; pero en Amalfi... Etiam periere ruina. Solo existen allí dos arruinados arcos en la marina y el vestíbulo de la catedral, a que se sube por una ancha escalera moderna de cuarenta gradas.

El cicerone que nos acompañaba entendió, sin duda, que hacíamos estas reflexiones, y nos dijo, muy grave, que la ciudad antigua estaba fundada sobre el mar, y que éste se la había tragado, acontecimiento de que no habla la Historia, y de que hubieran quedado vestigios en el mismo mar, y lejos de ello, la pequeña cala de Amalfi ofrece en toda su extensión un liso fondo de guijo y de arena, sin la menor huella de cimientos antiguos. En esta ciudad se encontraron, por acaso, y de resultas de un saqueo el año 1135, las Pandectas, de Justiniano, y en ella nació Flavio Gioja, inventor de la brújula.

Parece indudable que Amalfi, fundada en época muy remota, fue ocupada por los sarracenos la primera vez que invadieron a Italia; que los tiempos de su mayor esplendor fueron los siglos X y XI; que la conquistó Roger, duque de Calabria, y que su decadencia empezó en las encarnizadas guerras que sostuvo con sus vecinos los salernitanos, llegando a tal punto de apocamiento y desdicha, que fue completamente destruida por los bandidos, que dos veces la entregaron a las llamas y la saquearon, y como su territorio nada produce, murió la ciudad en cuanto se rompieron sus telares, se hundieron sus almacenes y dejó de ofrecer seguridad a los traficantes.

A la derecha de Amalfi, sobre elevadas rocas, mirando al mar, hay un convento de capuchinos, al que se sube por una estrecha y penosa escalera de 270 escalones. Fuimos a él al anochecer, y al aproximarnos oímos los sonidos del órgano, que hacían un efecto maravilloso entre aquellas peñas, cuyas formas rudas y colosales contornos presentaban una masa imponente y confusa a la borrosa luz del crepúsculo moribundo; recordamos algunas escenas de Don Álvaro y entramos en la pobre y reducida iglesia, cuando los frailes en el coro cantaban completas. La robusta armonía del estrepitoso instrumento y el canto llano de la comunidad no dejaron de conmovernos a aquella hora y en aquel devoto, retirado y humilde santuario.

Pronto supo el guardián que había extranjeros en su convento, y envió a dos frailes a obsequiarlos y a hacer los honores de la casa. Nos ofrecieron refresco, que no lo aceptamos; nos enseñaron un claustro antiquísimo de toscas y pequeñas ojivas sostenidas por columnitas acopladas de gusto árabe; luego, a la luz de una hacha de viento, una magnífica espaciosa gruta que hay en el monte, y al retirarnos, mandaron a un lego que con un farolillo nos alumbrase para bajar la escalera. No era ciertamente este lego el hermano «Melitón», pues no desplegó sus labios en el largo tiempo que empleamos en la bajada.

Al acercarnos a la marina oímos un bandolín, no mal tocado, y rumor de alegre algazara; pero como la noche era oscurísima, no pudimos columbrar, de lejos, ni al tañedor ni a los que aquel bullicio, causaban. Al llegar a la playa y al despedirnos de nuestro alumbrador advertimos que el músico estaba en una barca varada en tierra, y que en su rededor unos cuantos marineros y mozas del pueblo bailaban a su manera. Todo esto a oscuras, lo que daba a la fiesta una apariencia muy fantástica. Entramos en una regular posada, donde devoramos una abominable cena, y nos entregamos, rendidos de cansancio, a un profundo sueño.

Al día siguiente, a las ocho de la mañana, fuimos a ver lo interior del valle, a cuya boca está situada Amalfi y se llama «valle dei molini». Es, aunque de menos extensión, muy semejante al de Tramonti, poblado también de fábricas de papel y tan risueño y tan pintoresco, aunque no tan feraz y productivo. En seguida, en burros con silla y bridón a la inglesa, fuimos a Atrani (el último pueblo que atravesamos la tarde anterior), e internándonos en él, dejamos nuestras humildes cabalgaduras, para subir, a pie, con gran fatiga y calor, una penosísima escalera de dos millas de largo, que sube a Ravello, pueblecito fundado en una de las eminencias más elevadas de aquel monte, y desde donde se alcanza una espaciosa y magnífica vista. Entre humildes casas modernas, se encuentran allí importantes vestigios de la pasajera dominación sarracena, y en varios trozos de muralla derruida, y en un patio que se conserva bastante entero, y en otros fragmentos interesantes, reconocí la infancia del arte, que se mostró luego con tanto esplendor en nuestra catedral de

Córdoba, en la Giralda de Sevilla y en los encantados palacios de Granada. Hay en la iglesia de Ravello unas puertas de bronce muy notables, un púlpito cuadrado y espacioso, revestido de mosaico y apoyado en seis columnas, cuyas basas son toscos leones de mármol y varias lápidas de distintos tiempos. Dejamos aquel empinado sitio, y, bajando la prolongada escalera con gran cansancio, volvimos a cabalgar en nuestros inglesados asnos y regresamos a Amalfi. Comimos con apetito, dormimos una larga siesta, y a las tres de la tarde salimos para Salerno. Hay un camino a medio construir, que, siguiendo las sinuosidades de la escarpada costa, va de una ciudad a otra; pero es largo y penoso, y preferimos hacer el viaje por mar. Tomamos, pues, un ligero bote de cuatro remos, muy pintado de blanco, verde y encarnado, con su limpia carroza de cotonía blanca. Al salir de la posada, dos padres capuchinos, de aspecto, por cierto, muy venerable, nos pidieron humildemente les hiciéramos la caridad de conducirlos a Salerno. Accedimos gustosos y bajamos con ellos a la marina. La que se tituló «Reina de los mares» ha venido tan a menos, que no tiene ni aun un pobre muelle de madera en su arenosa playa, por lo que fue el embarco harto incómodo y desagradable, teniendo que verificarlo, so pena de meterse en el agua o, por mejor decir, en el fango hasta la cintura, en los robustos hombros de los marineros. Estaba el mar en leche; el cielo, despejado y puro, cruzado por algunas ráfagas luminosas; la atmósfera, en calma, sin que la refrescara la más ligera ventolina. La barca, empujada por los cuatro remos que meneaban a compás los robustos brazos de cuatro marineros, con camisas blancas como la nieve, calzoncillos cortos, listados de azul y gorros colorados, como los que usan los catalanes, se deslizaba rápidamente por el cristalino golfo para doblar la punta de Orfso. Teníamos a la izquierda, como a dos millas de distancia, la costa, escarpada de altísimos montes, cubiertos de verduras y salpicados de blancas casas de campo, y Atrani, y Ninuri, y Majuri, y otros risueños pueblecitos colocados en las gargantas de los valles, y a la derecha, la inmensidad del mar, formando horizonte y confundiéndose con el cielo por medio de una vaporosa niebla, formando todo un cuadro magnífico y melancólico. Los marineros, como para no perder aliento, entonaron, en distintas voces, nada discordantes, una canción en dialecto napolitano, con un tono monótono y lánguido, muy semejante al de las playeras que se cantan en Andalucía. Los dos capuchinos sacaron sus breviarios y, en voz sumisa, rezaron sus oraciones, y nosotros soñábamos despiertos y volábamos con la imaginación por mil fantásticas regiones, sumergidos en el más profundo silencio. Parecía aquella barquilla, en medio del desierto golfo de Salerno, el emblema de los diferentes destinos que designó a los hombres la Providencia: el del trabajo, el de la oración, el del pensamiento, y todos dirigidos por el mismo impulso, y todos encaminados al mismo fin. A las dos horas de travesía, cuando ya los marineros, fatigados y deshechos en sudor lanzaban, cada vez que los remos impelían, un hondo quejido, como para reanimarse y bogar a compás; cuando los religiosos, concluidos sus rezos, terminada por aquel día su misión sobre la Tierra, dormitaban sin curarse de su suerte, y cuando nosotros, al fin y al cabo, hombres del mundo y del placer, juzgábamos ya, impacientes, que duraba mucho aquel viaje, doblamos la punta del Orfso y luego la de Túmulo, y nos encontramos en Salerno.

Es ciudad capital de provincia, de muy buen caserío, de muy cultivados y feraces contornos y de unos treinta mil habitantes; pero tampoco hay en sus playas muelles ni resto alguno de su antiguo poder naval. Desembarcamos, pues, como nos embarcamos en Amalfi; esto es, en hombros de los fatigados marineros, y enterrándonos en arena hasta las rodillas, y subiendo unos montecillos también de arena, y despidiéndonos de los capuchinos, que quisieron besamos la mano con la mayor humildad y gratitud, entramos en un magnífico parador (Hôtel de l'Europe), a cien pasos de la ciudad, sobre la ribera. Su moblaje y servicio son completamente a la inglesa; ocupamos en él una elegante y cómoda habitación con sus correspondientes alcobas.

Serían las cinco y media de la tarde, y estábamos sentados en un balcón voladizo que da sobre el mar, cuando llegó nuestra carretela con cuatro caballos, pues habíamos dejado encargado en Nápoles viniese aquel día a buscarnos a Salerno, y nos sorprendió agradabilísimamente el ver en ella al amable duque de Montebello, embajador de Francia, que venía a nuestro encuentro para tomar parte en el resto de nuestra expedición.

Mucho celebramos la llegada de un personaje tan instruido, de tan amena conversación y de trato tan dulce y agradable. Reunidos con él, aprovechando lo que aún quedaba de día, fuimos a recorrer la ciudad y a visitar su catedral. Nada presenta notable su exterior. Súbese a la puerta principal por seis escalones, y, se entra en un patio cerrado y claustrado, con columnas de diferentes tiempos y labores, todas antiguas y algunas traídas de las ruinas de Pesto ignorantemente saqueadas para la construcción de esta iglesia., Alrededor del patio hay varios sepulcros antiguos, de épocas distintas, y trozos de vasos, de aras, de entablamentos y de capiteles, hallados en aquellas inmediaciones. El templo es espacioso y dividido en tres naves; el piso es de mosaico, obra mucho más antigua que el edificio, renovado casi en su totalidad a últimos del siglo XVII. Dos gallardas columnas de pórfido, traídas de Pesto, forman el ingreso del presbiterio, donde hay otras dos de verde antiguo, sirviendo de pedestales a dos imágenes. El púlpito es cuadrado y espacioso, sostenido por seis columnas de jaspe, y revestido de preciosos mosaicos, como lo están también los pilares de la capilla mayor, siendo el dibujo de unos y de otros de gusto arábigo, advirtiéndose ser trabajo de obreros árabes, bajo la dirección de arquitecto italiano. En una capilla antiquísima, único vestigio del antiguo edificio, y cuya cúpula de mosaico, con muy buenas figuras, se construyó por mandato y a expensas del famoso Juan de Procida, libertador de Sicilia, está el sepulcro del Papa Gregorio VII, el célebre Hildebrando; su busto, de piedra, descuella sobre la urna en que se conservan sus huesos. Debajo del altar mayor, que tiene un rico frontal de plata, donde está muy bien esculpida entre follajes y labores de buen gusto la Cena, de Leonardo de Vinci, se conserva en una antiquísima bóveda revestida modernamente de mármoles el cuerpo de San Mateo evangelista. Su imagen, de metal de Corinto, y casi del tamaño natural, ocupa el retablo. También, en una capilla inmediata, está el tajo en que cortaron la cabeza a San Cayo, natural de Salerno. Hay allí dos sepulcros notables; son sus adornos relieves antiguos del mejor tiempo griego, representando el uno el triunfo de Baco, y el otro, los placeres de la vendimia, y disuenan grandemente por su labor y su asunto con los toscos bustos de la Edad Media, el uno de un caballero y el otro de un obispo, que se ven tendidos sobre tan profanas urnas, en donde yacen sus restos cristianos. También descuella aislado en otra capilla el sepulcro de Margarita de Anjou, reina de Nápoles; es de extraña forma y de singular construcción: parece una cama colgada. Solo hay en la iglesia dos cuadros dignos de atención, del célebre Andrea Sabatini, conocido vulgarmente por Andrea de Salerno, discípulo muy aventajado de la gran escuela de Rafael. Representa el uno a Cristo muerto en los brazos de la Virgen, rodeado de la Magdalena, de San Juan y de un ángel mancebo. El otro, la adoración de los Reyes. Ambos son de un mérito superior por su composición sencilla, por su dibujo bello, correcto y expresivo y por el magisterio de sus paños y claroscuro.

En cuanto avisté a Salerno aquella tarde desde el mar, me vino al pensamiento el célebre mágico Pedro Bayalarde, protagonista de cinco famosas comedias de tramoya de nuestro teatro, que no carecen, ciertamente, de mérito, que nos encantaron en nuestra niñez, y que siempre vemos representar con gusto. Hablan de este profesor de Ciencias del siglo XII Bernino, en su Historia de las herejías, y monseñor Parnelli, en sus cartas. Mas yo deseaba saber alguna anécdota tradicional del tal nigromante, y la memoria que se conservaba de él en su patria. Ocurrióseme que el sacristán que nos estaba enseñando la catedral, y que se ostentaba erudito en antiguallas, podría tal vez satisfacer mi deseo, y le pregunté si tenía noticia de Pedro Bayalarde. No me entendió por lo españolizado de este apellido; pero cuando, insistiendo, le añadí que era un famoso mágico de antiguos tiempos, me dijo con viveza: «Enseñaré a usted el Santo Cristo a cuyos pies murió contrito y perdonado, y una relación auténtica de este suceso». Y nos llevó a una capilla cerrada con una verja, y en cuyo altar está un antiquísimo crucifijo de escultura bizantina y del tamaño natural. Mientras contemplábamos la venerable imagen, el sacristán, descolgando del muro una tabla antigua con una inscripción manuscrita, no muy moderna y en muchas partes borrada, dijo: «Aquí están consignadas importantes noticias de aquel gran pecador, que consiguió la divina misericordia en los últimos momentos de su vida». Ya apenas se veía, por lo que, encendiendo una vela del altar en una lámpara inmediata, examinamos a su trémula luz aquel rancio documento con gran dificultad. Dícese en él que Pedro Bailardo o Barliario, de noble familia y de gran saber, y maestro en nigromancía, después de haber obrado grandes prodigios con ayuda de los demonios, y siendo ya de noventa y tres años de edad, empezó a angustiarse contemplando tantas almas como había perdido, y viendo la suya condenada para siempre, y que, habiendo venido entonces dos sobrinos suyos a su casa, se fueron a solazar a la librería de su tío, que en ella hallaron libros muy grandes con caracteres diabólicos y espantables, de cuya vista, asustados, exclamaron: «¡Dios nos valga!», y que entonces alzaron tan espantosos alaridos los demonios que en la estancia y entre los libros estaban, que cayeron muertos de terror los imprudentes mancebos. Acudieron al ruido el nigromante y su mujer, y aterrados de tan horrible caso, resolvieron quemar los libros y pedir a Dios misericordia. Así lo hicieron, y Pedro acudió a los pies de aquel crucifijo, ante quien pasó tres días y tres noches derramando lágrimas e hiriéndose el pecho con un canto, al cabo de los cuales, sintiéndose morir, preguntó a la imagen si estaba perdonado, y la imagen, moviendo la cabeza, le demostró que sí, y en el mismo instante expiró el contrito Bailardo. Ocurrió este milagro el 25 de marzo de 1141, y fue enterrado el nigromante con su mujer, que se llamaba Agripina, a los pies del crucifijo. que estaba entonces en otra iglesia, que ya no existe. Esto es, en sustancia, lo que refiere la tabla con grandes digresiones, máximas morales, textos de escritura, etcétera, etc.

Estaba ya entrada la noche cuando salimos de la catedral; paseamos un rato, tomando el fresco, en la plaza del palacio de la Intendencia, que da sobre la marina, y nos retiramos luego a la posada, donde cenamos bien y alegremente, bebiendo dos botellas de exquisita manzanilla que nos había traído el duque de Montebello.

Al día siguiente, a las seis de la mañana, salimos de Salerno, y por un camino ancho y llano atravesamos una feracísima y bien cultivada llanura, cubierta de abundantes trigos y de lozanos maizales de secano, teniendo a la izquierda, como a seis millas de distancia, altos montes, y a la derecha, el mar. A medida que nos alejábamos de la ciudad iba siendo el país menos hermoso y poblado y la vegetación más mezquina y dificultosa. Caminábamos con la mayor rapidez, y pronto llegamos al riachuelo Sele, dicho antiguamente Sílaro, y de cuyas aguas dicen «que tienen la virtud de petrificar cuanto se sumerge en ellas». Ya se están construyendo en sus orillas los pilares para un puente de hierro, muy necesario, ciertamente, pues se pasa ahora por una malísima y peligrosa barca. Entrarnos en seguida en un campo extenso y llanísimo, cubierto de juncos y carrizales, que crecen entre cenagosos pantanos, donde, como para dar un aspecto más tétrico y salvaje al país, apacentan un gran número de búfalos, con sus crías. A medida que avanzábamos conocíamos la influencia del mal aire (aria cattiva) que reina en aquel territorio, pues sentimos un ligero dolor de cabeza, dificultad en la respiración y un sueño casi invencible. Fumando buenos cigarros habanos y charlando lo más alegremente posible procurarnos despabilarnos, y a las tres horas de haber saldo de Salerno conocimos estar ya en Pesto, porque nos llamaron la atención a alguna distancia las ruinas del templo de Ceres. Son un gran pórtico cuadrilongo, con trece columnas acanaladas y sin basa en cada lado mayor y seis en cada lado menor o frente. Todas sostienen entero el arquitrabe y entablamento, y en las dos fachadas, frontones o frontispicios triangulares. El carácter sencillo, severo y grande de este edificio nos dejó sorprendidos, e íbamos a arrojarnos del carruaje para examinarlo más de cerca cuando reparamos en el colosal y magnífico templo de Neptuno, que está unos trescientos pasos más adelante, y, sorprendidos y extasiados en su contemplación, ni nos volvimos a acordar del de Ceres; y en pie en la carretela, ni aun palabras teníamos para mandar parar o aligerar el paso al cochero. Este, que no participaba, sin duda, de nuestro entusiasmo, siguió, sin curarse de las ruinas, hasta la venta, donde paró sin necesidad de que nosotros se lo mandásemos. Apeámonos apresurados, y por un impulso uniforme nos encaminamos al templo de Neptuno, acompañándonos ya un cicerone, que se apoderó de nosotros en cuanto salimos del carruaje como un ángel, bueno o malo, se apodera de un alma en cuanto sale de esta vida.

Sorprendente es, en verdad, la vista del templo de Neptuno, de Pesto, de aquel edificio colosal de tan puro gusto, de tan severo y majestuoso aspecto, en que se ven sillares de tan pasmosas dimensiones y que se conserva, con más de tres mil años de antigüedad, tan entero, tan dispuesto a durar hasta el fin del mundo; parece el emblema de la eternidad, y si la ignorancia de los hombres no hubiera tomado de él materiales para otras construcciones, que ya han desaparecido, o que perecerán muy en breve, acaso estaría aún cual salió de la mente del arquitecto que lo construyó.

El templo de Neptuno, de Pesto, es un cuadrilongo de sesenta varas de largo y veinticinco de ancho, formando pórtico; cada lado menor, o fachada, consta de seis columnas que apenas pudimos abrazar cuatro hombres, acanaladas, construidas de varios trozos, estribando, sin base alguna, sobre una ancha gradería de tres escalones, ya casi cubiertos por el terreno y la maleza, y terminadas en toscos capiteles, sencillos y sin ornato alguno, que sostienen anchos y macizos arquitrabes y entablamentos adornados de triglifos, una resaltada cornisa y encima un frontón triangular de gallardísima proporción. Los lados mayores los forman catorce columnas en cada uno, de igual tamaño y forma, sosteniendo íntegros su arquitrabe, entablamento y cornisón. Dentro de este pórtico y subiendo una alta grada, cuatro grueso machones en los ángulos, dos columnas un poco más pequeñas en los frentes y siete en cada lado constituyen el recinto interior. Estos machones y columnas sostienen asimismo arquitrabes, y sobre ellos, un segundo cuerpo de columnas, del mismo estilo, aunque más pequeñas, destinadas, sin duda, a sostener la techumbre, que ya no existe.

El carácter peculiar de este magnífico resto de la más remota antigüedad es el de la grandeza y solidez. Se ven en él los primeros pasos, primeros, sí, pero ya seguros y atrevidos, del arte, que algunos siglos después debía inventar el majestuoso orden dórico y construir el Partenón de Atenas. El templo de Neptuno, de Pesto, es pesado; pero de tan exactas y bellas proporciones, que su pesadez es elegancia, y desaparecen al contemplar el total del edificio la demasiada robustez de sus columnas, la masa enorme de sus capiteles, la anchura y espesor de sus arquitrabes, el vuelo arrojado de sus cornisas. Otra circunstancia particular da a estas ruinas mayor encanto: el color que conservan. Todas las demás que he visto, no de tiempos tan remotos, y aun las otras que existen en el mismo Pesto, presentan una tinta plomiza, fría y negruzca, o un color de hoja seca, que destruye el efecto del claroscuro; pero el templo que acabo de describir, construido de piedra marina, y habiendo estado cubierto de una especie de estuco, de que aún conserva restos en algunos parajes, tiene un color amarillo-oscuro, muy semejante al del corcho trabajado, que resalta notablemente a los rayos del Sol, y que lo destacan de la atmósfera o de los campos, cubiertos siempre de verdura, en que descuella.

Después que recorrimos muy a nuestro sabor todo aquel inmenso esqueleto de piedra, que medimos su extensión, que notamos aun el más pequeño accidente de su fábrica y hasta de las hierbas parásitas que lo adornan, sentimos que nuestros estómagos desfallecían y que no era el entusiasmo alimento único suficiente para ellos. Próvidamente, el amable embajador de Francia se había traído consigo un pâté de foie gras y unas cuantas botellas de champaña, con lo que, sentados en las gradas del imponente coloso, y desde él contemplándonos treinta siglos, restauramos nuestras fuerzas para no temer la aria cattiva y seguir examinando aquellas ruinas venerandas.

A cien pasos del templo de Neptuno está el Pórtico, edificio, sin duda, destinado para grandes reuniones públicas. Es un cuadrilongo de unas sesenta varas de largo, sobre veintiocho de ancho, rodeado de cincuenta y ocho columnas, mucho más pequeñas que las del templo de Neptuno y que las del de Ceres, también acanaladas, sin basa y con capiteles del mismo gusto, aunque más pulidos y labrados, demostrando, desde luego, tanto éstas como los arquitrabes de todo el edificio ser éste mucho más moderno y de época en que el arte había dado ya algunos pasos. Dentro de este recinto, abierto por todos lados, hay, en un terreno un poco más alto, otra hilera de columnas iguales con parte del arquitrabe. y yace en tierra un capitel colosal y de muy buena labor, perteneciente a otra construcción y que no se sabe cómo ni cuándo vino allí.

Las ruinas del teatro y del circo se reducen a meros cimientos, algunos entablamentos con bajorrelieves, casi soterrados, trozos de afustes de columnas, de varios tamaños, y mutilados capiteles: todo perteneciente a época menos antigua. También se conservan los fundamentos y algunos derribados trozos de las primitivas murallas; vense en ellas sillares de más de ocho varas de largo, y tan bien ensamblados entre sí, que forman una sola mole; abrazan un espacio de más de dos millas, y aún duran los restos de dos puertas de la ciudad, de un acueducto y de algunos sepulcros muy bien conservados.

La fundación de Pesto se pierde en la más remota antigüedad. Autores hay que la atribuyen a los etruscos, en aquellos tiempos en que se asegura que eran la única nación civilizada del mundo. Otros la creen de los fenicios y cartagineses, que parece lo más probable; y algunos dicen ser de los pelasgos, sin faltar quien la imagine obra de los egipcios. De todos modos, el templo de Neptuno, el de Ceres y las murallas de la ciudad cuentan, a lo menos, tres mil años de existencia, y eran ya ruinas al comenzar la Era Cristiana. ¡Gran privilegio de las obras del arte! Pasan generaciones y generaciones, desaparecen y se olvidan los imperios, y los versos del poeta, y las piedras que amontona el arquitecto, y los mármoles que cincela el escultor, viven, duran y van a buscar la consumación de los siglos; aún nos encanta la Ilíada, de Homero: aún adornan al mundo las pirámides de Egipto y las columnatas de Pesto.

Esta insigne ciudad de que nos quedan tan notables fragmentos tuvo el nombre de Posidonia, acogió a los argonautas y recibió en su puesto a Ulises; fue ocupada por los sibaritas y los lacanios; sometióse, ya en decadencia, a la República romana, bajo cuyo poder acabó de perder su importancia y los restos de su grandeza, y últimamente fue saqueada e incendiada por los sarracenos. Al abandonarla la fortuna, la abandonó también el mar, pues consta que fue un buen puerto, y hoy se la ve más de dos millas de tierra adentro. No se sabe cuándo empezaron a ser insalubres sus campos y perniciosa su atmósfera. Antiguos poetas latinos celebran la amenidad de sus jardines y la benignidad de su cielo; pero Estrabón dice ya que sus aires eran pesados y sus aguas corrompidas y pestilenciales. Críanse espontáneamente en aquel territorio rosas particulares de gran belleza y fragancia, y que florecen dos veces al año. Muchos vasos de gran dimensión y de exquisito gusto y varias armas griegas y cartaginesas encontradas allí adornan hoy el magnífico y rico Museo de Nápoles.

En una ahumada y miserable venta, que nos recordó mucho las que a cada paso se encuentran en España, entramos a descansar de nuestra fatigosa correría el tiempo necesario para que los caballos concluyesen de comer su pienso; y los escasos habitantes de aquella casi desierta comarca vinieron a pedirnos limosna, pálidos, hinchados, contrahechos, víctimas, en fin, de la insalubridad del territorio. No puede explicarse por qué estos desdichados que yacen allí en miserables chozas y mezquinos casucos esparcidos por aquellos campos, y que viven de la caridad de los extranjeros que van a visitar aquellas ruinas, no prefieren excitarla con mejor probabilidad en las calles y plazas de Nápoles, o ir a arrastrar su miseria y su desnudez donde, a lo menos, el aire les sea salutífero y donde no aumenten sus desdichas con la mayor de todas: la enfermedad.

Volvimos a entrar en nuestra carretela, y con la misma rapidez que habíamos venido y por el mismo camino regresamos a Salerno, notando, al paso que nos alejábamos de Pesto, la cabeza más desembarazada, más libre la respiración y que salíamos de la perniciosa influencia de las lagunas y cenagales. Atravesamos de largo a Salerno y, alejándonos del mar y pasando por Vietri, lindísimo pueblecito, ventajosamente situado, de muy buen caserío, con anchas calles enlosadas y rodeado de huertas, bosques de moreras y casas de campo, llegamos a media tarde a la Cava, habiendo andado en todo el día más de quince leguas.

La Cava es la antigua Narsina, situada en un risueño valle del monte Metelliano; tiene hermosas casas y soportales en la calle principial. Sus alrededores son un verdadero modelo de cultivos, pues se ven tajadas las más altas laderas, formando escalones con tapiales de mampuesto para contener la tierra, y en ellos, espesos trigos, pomposos maizales, gallardos viñedos y árboles frutales y de sombra, proporcionando una cosecha continua. En una magnífica posada fuera del pueblo, y en medio de un frondoso jardín, nos dieron una excelente cena; pero no buenas habitaciones, por estar llena la casa de antemano con otros viajeros.

A la mañana siguiente, muy temprano, fuimos a pie al antiguo y famoso monasterio de la Trinidad, de la Orden de San Benito, situado a una legua de la Cava, en una apacible y apartada quiebra de aquellos montes. El camino, que serpentea por entre espesos matorrales, frondosas hayas y gigantescos castaños, admite carruajes, aunque es muy tortuoso y bastante empinado. Llegamos allá fatigados, porque el día empezaba caluroso. El aspecto del monasterio no descubre que lo sea a los ojos del anhelante viajero. Yo, que esperaba encontrarme entre aquellas asperezas con un edificio del siglo X, de ruda arquitectura bizantina, con altas torres, con macizas murallas, medio convento, medio fortaleza, quedé descuajado y frío al verme delante no la mansión antigua y solitaria de sabios y retirados cenobitas, sino la casa de campo modernísima de un banquero de Nápoles. Tal parece el monasterio de la Trinidad, de construcción reciente, con ancho y simétrico ventanaje, con las paredes revocadas de amarillo y sus persianas pintaditas de verde gay. Entramos en la iglesia, que nada tiene de antiguo ni notable; pasarnos luego al claustro, que tampoco parece claustro, y preguntamos por el reverendo abad. Reacio estuvo el lego portero en facilitarnos la entrada; pero así que dijimos quiénes éramos, se apresuró a conducirnos a una ancha y mansa escalera, precediéndonos anheloso para dar aviso al prelado: Recibiónos éste con dignidad y agasajo en su aposento, compuesto de varias piezas decentemente amuebladas. Es persona de cerca de setenta años, no muy alto, delgado, de modales finos y señoriles; su nimia pulcritud, y el escapulario, y la cogulla, y la cruz abacial pendiente al cuello de un cordón de oro, le dan un aspecto muy noble y respetable. Ya conocía al duque de Montebello, quien nos presentó a él en toda forma. En cuanto supo quién yo era se dirigió particularmente a mí, con la mayor atención y urbanidad, diciéndome que tenía el gusto de que vivieran en su monasterio tres monjes españoles de mucho provecho, los que al instante se me presentarían, como era de su deber; hablando aparte a un lego de su séquito, le mandó los llamase inmediatamente.

Entre los adornos de la vivienda, no celda, abacial me llamaron la atención los cuadros de primer orden que la adornan. Penden de sus paredes, con buenas molduras antiguas, de talla dorada, una Virgen con el Niño, casi de tamaño natural, sentada sobre nubes y rodeada: de ángeles, un bautismo de Nuestro Señor Jesucristo, de la misma grandeza, y los cuatro evangelistas, de medio cuerpo, obras todas del ya mencionado Andrea Sabatino, o de Salerno, y que podrían pasar por los primeros tiempos de Rafael. Dos cuadros apaisados de lo mejor de Pietro Peruggino, que representan, en figuras de a palmo: uno, la adoración de los Reyes; otro, la resurrección del Señor. Un Ecce Homo. de Sebastián de

Piombo, y una sacra familia, pequeña, o de lo más estudiado de Jordán, o de las últimas obras de Pietro de Cortona.

No tardaron en presentarse los monjes españoles, con cierto encogimiento y susto, que se convirtió pronto en cordialidad y alegría. Dos de ellos son catalanes; el otro, gallego, y escaparon milagrosamente de la ferocidad revolucionaria. De aquéllos, el uno es un padre grave; el otro, por cierto muy avispado, catedrático en el monasterio de árabe y hebreo. El gallego, carirrisueño y bonachón, es un excelente profesor de música y, por consiguiente, el organista.

Con el prelado y estos monjes fuimos a examinar el célebre archivo, en que existen más de «sesenta mil» pergaminos curiosísimos, siendo la fecha del más antiguo del siglo V; la mayor parte son longobardos. Hay, entre otros códices muy importantes, uno antiquísimo con la historia y las leyes del rey Clotario, donde, en rudas miniaturas, se ven su retrato, el de su caballo de batalla y el de su favorito, y tiene, además, dos viñetas: una en que se presenta el mismo rey jurando el Código allí escrito y otra en que está comiendo con sus cortesanos; obras ambas de una mano, de bárbaro dibujo e infeliz iluminación; pero muy interesantes por la idea que dan de los trajes, usos y costumbres de la época.. También posee aquel archivo una Biblia latina manuscrita en el siglo VII, en la que hay un salmo más que en la Vulgata; y vimos con gusto allí dos antiguos devocionarios: uno escrito en Francia; otro en Italia, y ambos con preciosas letras labradas, doraduras e iluminaciones y miniaturas; las de uno de ellos son copias, hechas con mucha inteligencia, exactitud y primor, de pinturas de Giotto Cimabue y el beato Angélico. Cuida estas preciosidades, que están muy bien custodiadas y clasificadas con inteligencia suma, un monje cojo muy ilustre, que ha hecho investigaciones importantes sobre los escasos documentos de los siglos tenebrosos y que tiene amena y chistosa conversación.

Desde el archivo fuimos al coro a ver y oír un excelente órgano moderno, que tocó con gracia y facilidad el duque de Montebello, y en que luego, con gran maestría y buen gusto, nuestro gallego hizo cumplido alarde de su destreza. Diónos el abad una excelente taza de café de moka y una deliciosa copa de marrasquino, y despidiéndonos de él y de los monjes paisanos y de toda la comunidad, que nos acompañó hasta el vestíbulo, dejamos aquel monasterio, en cuyo apacible retiro escribió el célebre Filangieri sus obras.

Almorzamos muy bien en la posada de la Cava, y por un hermoso camino, entre casas de campo y apacibles colinas, muy molestados por el polvo y por el calor, llegamos a Nocera. Es ésta una ciudad antiquísima, pues consta que fue saqueada por Aníbal. Tiene hermoso caserío, calles anchas y muy bien enlosadas y amenísimos y sanos contornos. En ella nació el célebre pintor Solimena, de quien tenemos muchos cuadros en España. A las tres de la tarde salimos de allí, por el camino de hierro, para Nápoles, adonde llegamos a las cuatro y cuarto, habiendo andado en tan corto tiempo siete leguas.

Hermosísimo país he recorrido, atravesado preciosas y cultas poblaciones, admirado magníficos puntos de vista, contemplado imponentes y venerables restos de la antigüedad más remota, disfrutado de un clima delicioso; pero los tres días que duró tan deleitoso viaje me iba siempre acordando en sombra vana de la dulce Sevilla y de Triana.

Nápoles, 30 de mayo de 1844

Fin

Libros a la carta

A la carta es un servicio especializado para
empresas,
librerías,
bibliotecas,
editoriales
y centros de enseñanza;
y permite confeccionar libros que, por su formato y concepción, sirven a los propósitos más específicos de estas instituciones.

Las empresas nos encargan ediciones personalizadas para marketing editorial o para regalos institucionales. Y los interesados solicitan, a título personal, ediciones antiguas, o no disponibles en el mercado; y las acompañan con notas y comentarios críticos.

Las ediciones tienen como apoyo un libro de estilo con todo tipo de referencias sobre los criterios de tratamiento tipográfico aplicados a nuestros libros que puede ser consultado en Linkgua-ediciones.com.

Linkgua edita por encargo diferentes versiones de una misma obra con distintos tratamientos ortotipográficos (actualizaciones de carácter divulgativo de un clásico, o versiones estrictamente fieles a la edición original de referencia).

Este servicio de ediciones a la carta le permitirá, si usted se dedica a la enseñanza, tener una forma de hacer pública su interpretación de un texto y, sobre una versión digitalizada «base», usted podrá introducir interpretaciones del texto fuente. Es un tópico que los profesores denuncien en clase los desmanes de una edición, o vayan comentando errores de interpretación de un texto y esta es una solución útil a esa necesidad del mundo académico.

Asimismo publicamos de manera sistemática, en un mismo catálogo, tesis doctorales y actas de congresos académicos, que son distribuidas a través de nuestra Web.

El servicio de «libros a la carta» funciona de dos formas.

1. Tenemos un fondo de libros digitalizados que usted puede personalizar en tiradas de al menos cinco ejemplares. Estas personalizaciones pueden ser de todo tipo: añadir notas de clase para uso de un grupo de estudiantes, introducir logos corporativos para uso con fines de marketing empresarial, etc. etc.

2. Buscamos libros descatalogados de otras editoriales y los reeditamos en tiradas cortas a petición de un cliente.

LK

www.ingramcontent.com/pod-product-compliance
Lightning Source LLC
Chambersburg PA
CBHW020446030426
42337CB00014B/1423